# Día Lluvioso Hoyo En Uno

## Libro De Colorear Para La Jubilación

**Coloring Bandit**



Publicado por Speedy Publishing Canada Limited

COLORING BANDIT

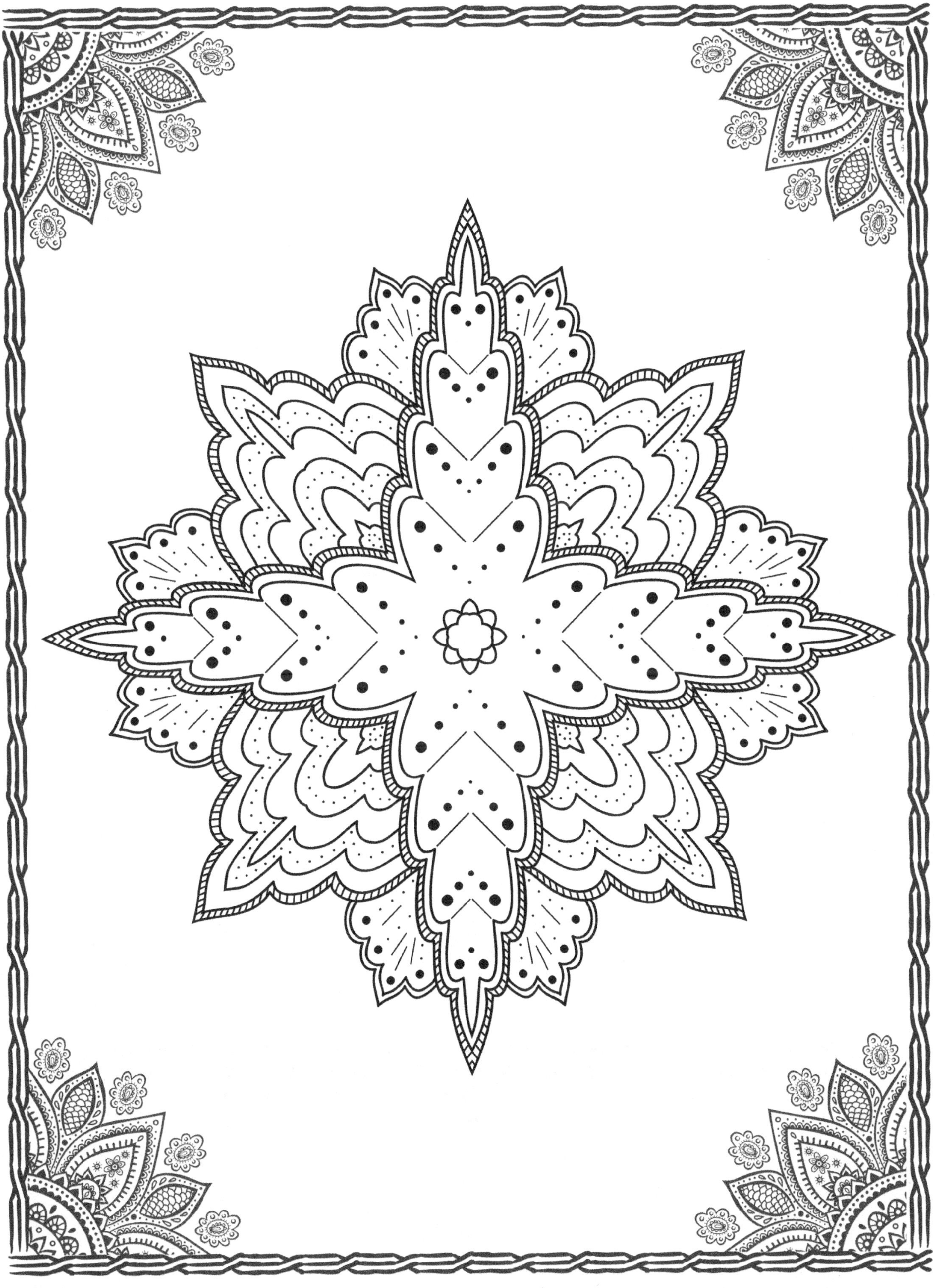

***Se trata de un sangrado a través de la página si está usando un colorante marcador o pluma!***

*Encontrar otros títulos grandes por busca de Bandido Para Colorear en tu favorito libro minorista*

**Amazon.Ca | Barnes & Noble (BN.Com) | Libros 1 Millón (BAM.Com)**

***Se trata de un sangrado a través de la página si está usando un colorante marcador o pluma!***

*Encontrar otros títulos grandes por busca de Bandido Para Colorear en tu favorito libro minorista*

**Amazon.Ca | Barnes & Noble (BN.Com) | Libros 1 Millón (BAM.Com)**

***Se trata de un sangrado a través de la página si está usando un colorante marcador o pluma!***

*Encontrar otros títulos grandes por busca de Bandido Para Colorear en tu favorito libro minorista*

**Amazon.Ca | Barnes & Noble (BN.Com) | Libros 1 Millón (BAM.Com)**

COLORING BANDIT

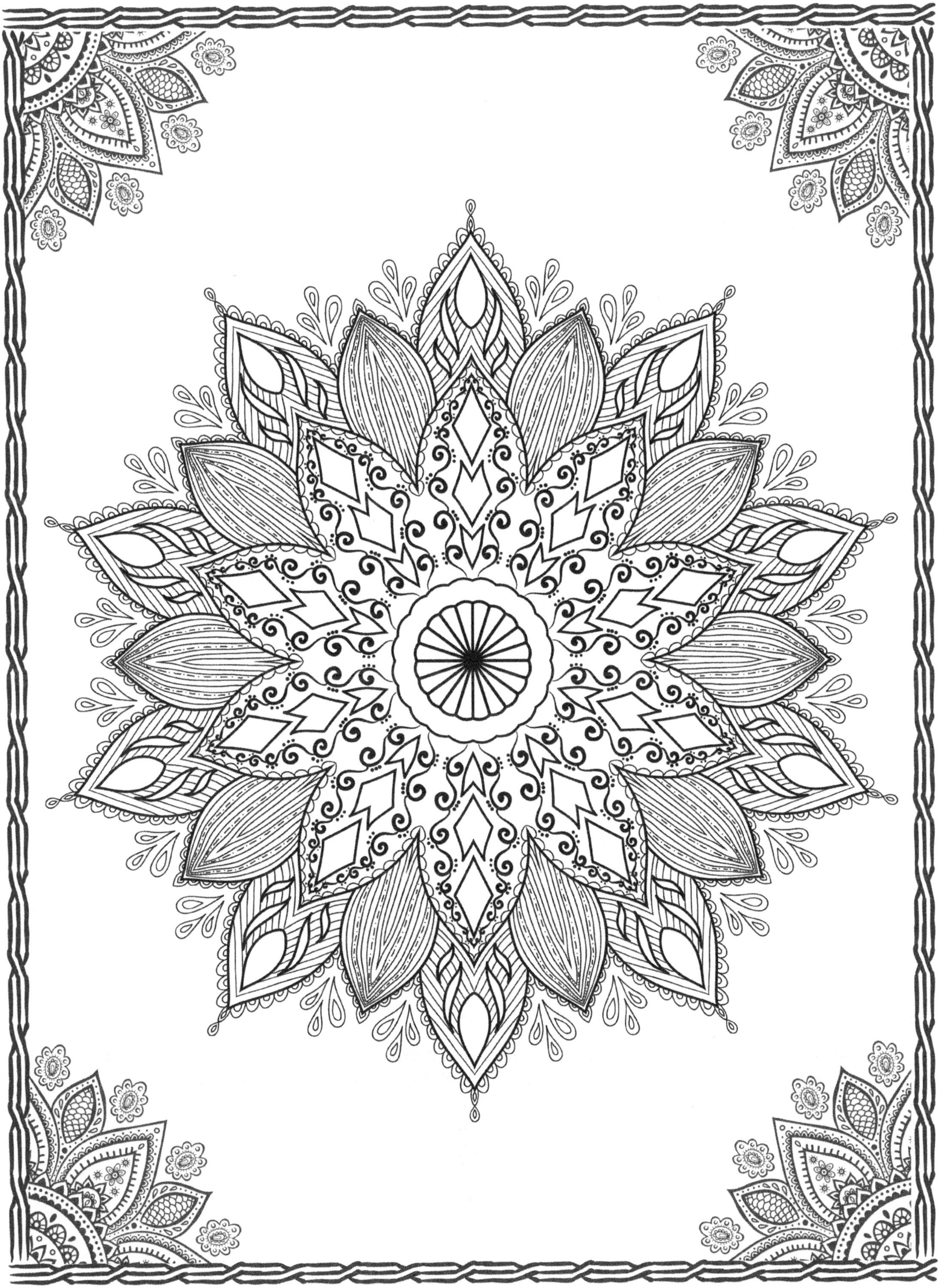

***Se trata de un sangrado a través de la página si está usando un colorante marcador o pluma!***

*Encontrar otros títulos grandes por busca de Bandido Para Colorear en tu favorito libro minorista*

**Amazon.Ca | Barnes & Noble (BN.Com) | Libros 1 Millón (BAM.Com)**

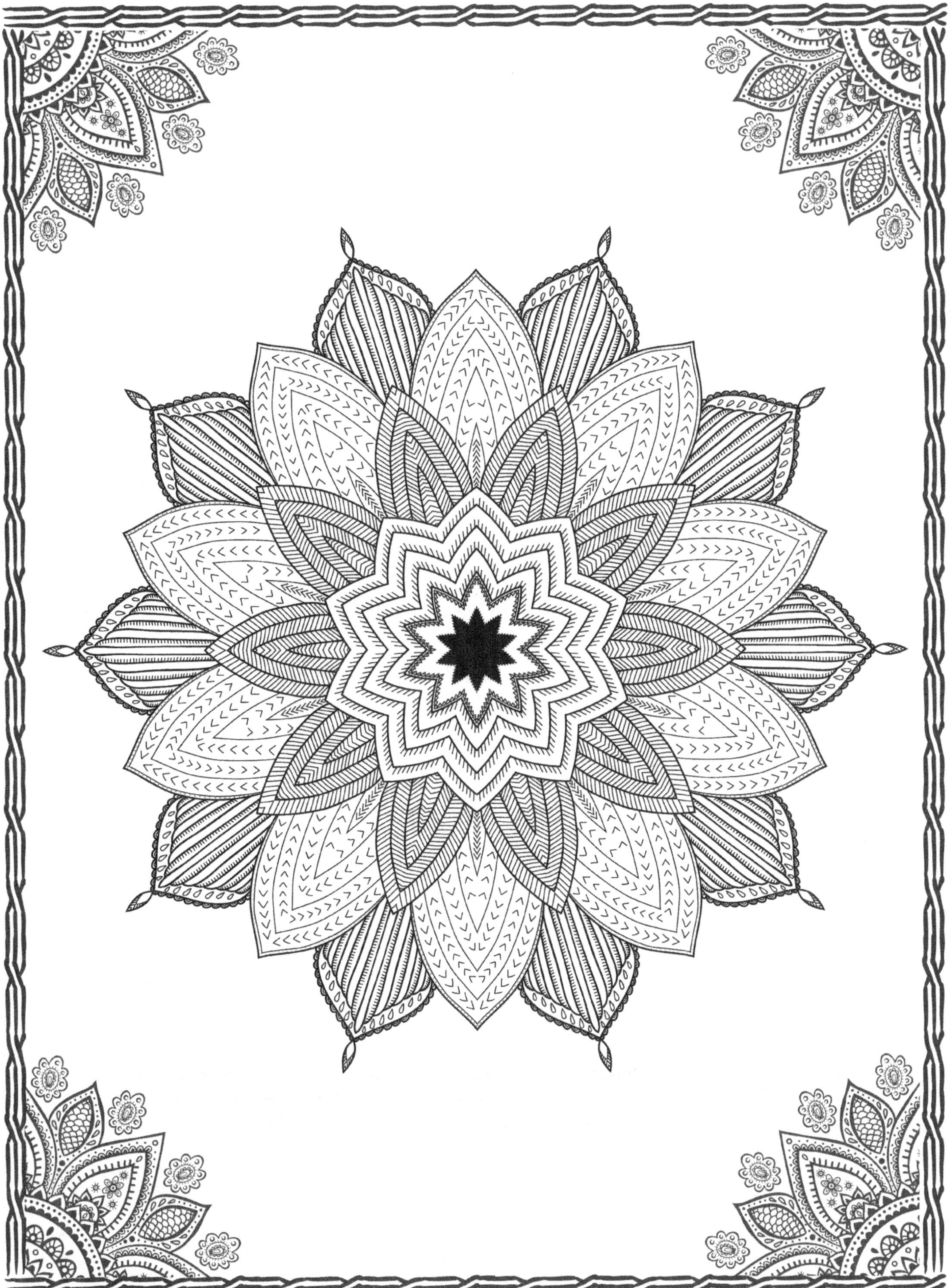

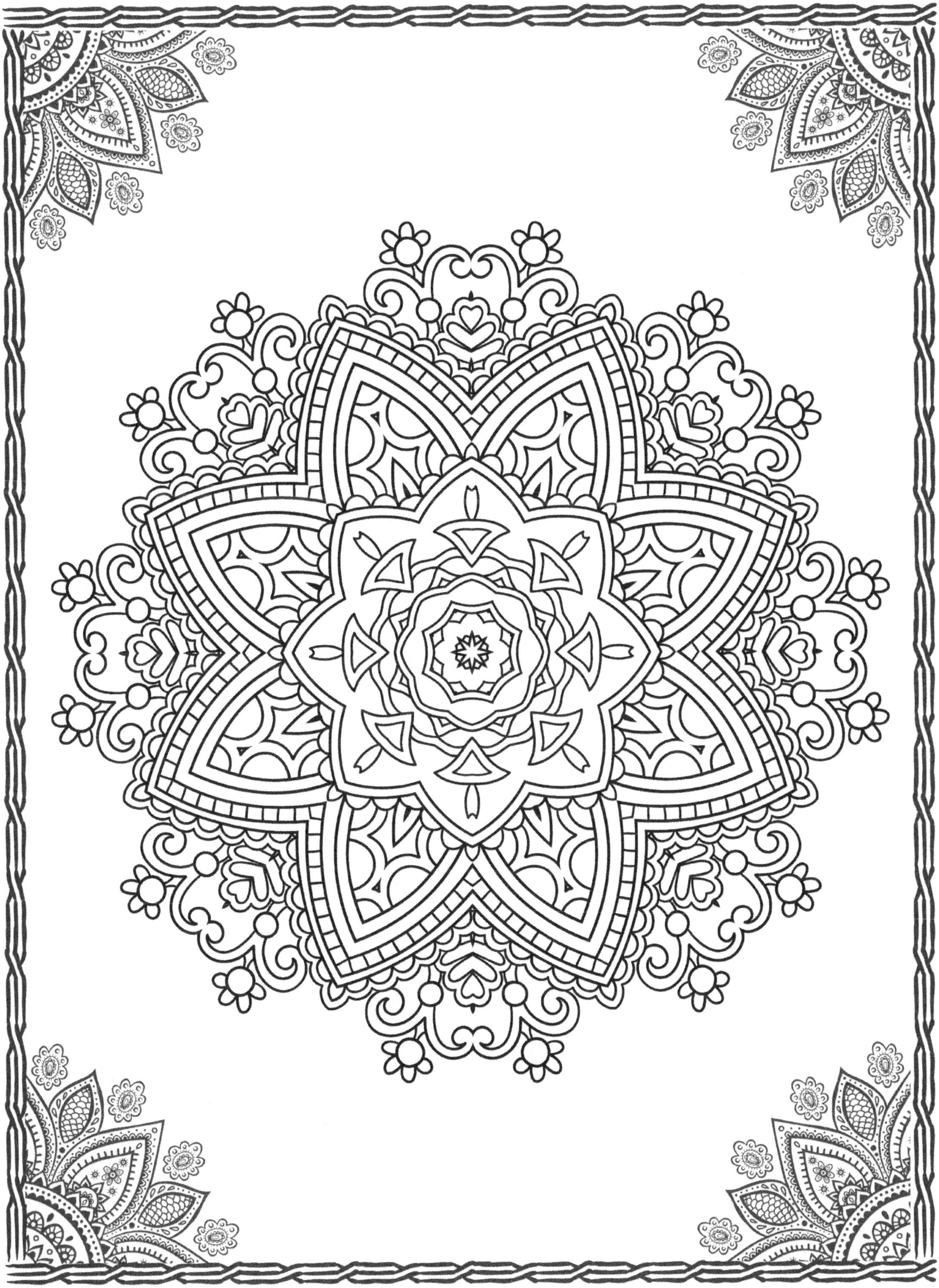

***Se trata de un sangrado a través de la página si está usando un colorante marcador o pluma!***

*Encontrar otros títulos grandes por busca de Bandido Para Colorear en tu favorito libro minorista*

**Amazon.Ca | Barnes & Noble (BN.Com) | Libros 1 Millón (BAM.Com)**

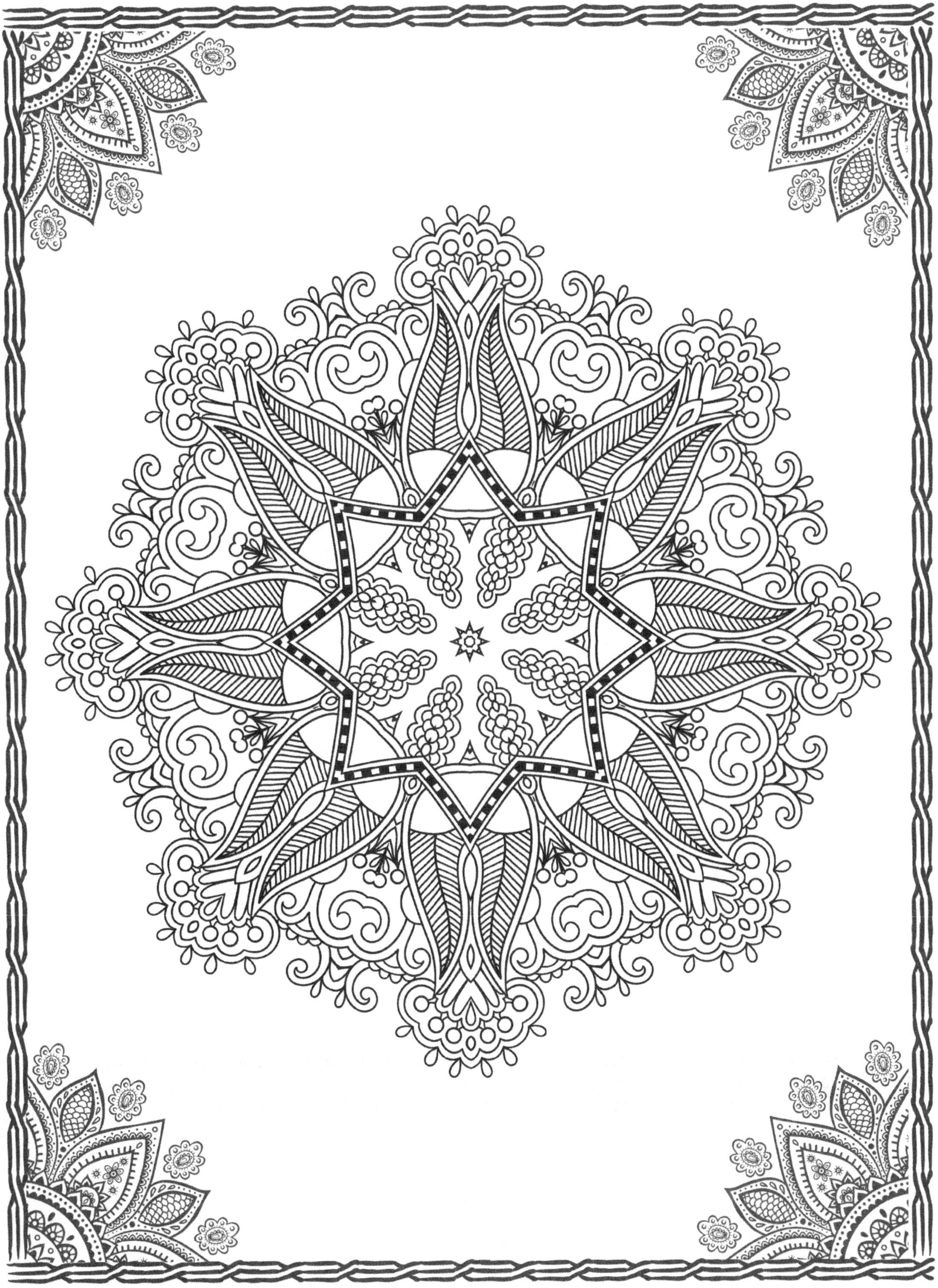

***Se trata de un sangrado a través de la página si está usando un colorante marcador o pluma!***

*Encontrar otros títulos grandes por busca de Bandido Para Colorear en tu favorito libro minorista*

**Amazon.Ca | Barnes & Noble (BN.Com) | Libros 1 Millón (BAM.Com)**

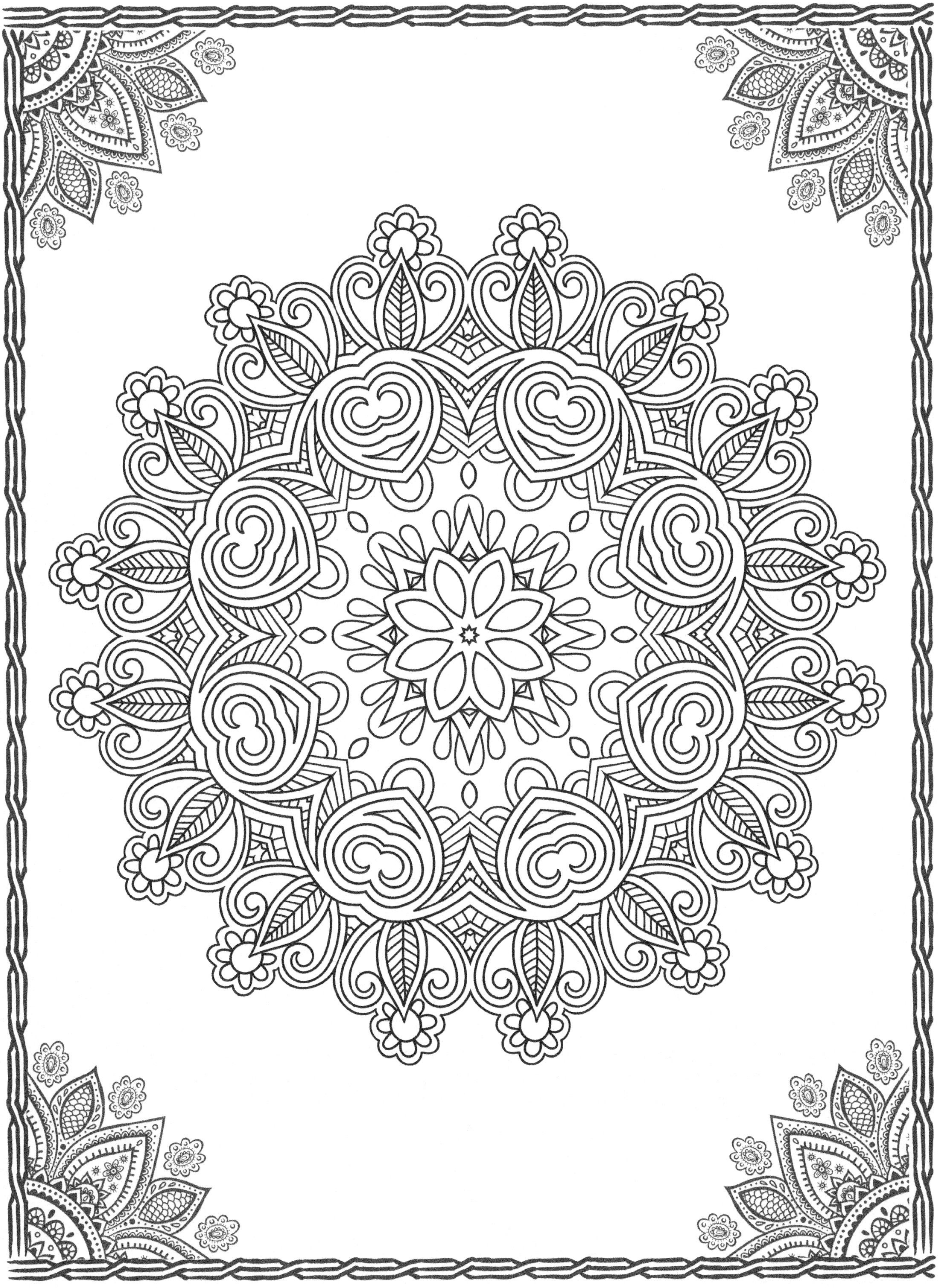

***Se trata de un sangrado a través de la página si está usando un colorante marcador o pluma!***

*Encontrar otros títulos grandes por busca de Bandido Para Colorear en tu favorito libro minorista*

**Amazon.Ca | Barnes & Noble (BN.Com) | Libros 1 Millón (BAM.Com)**

COLORING BANDIT

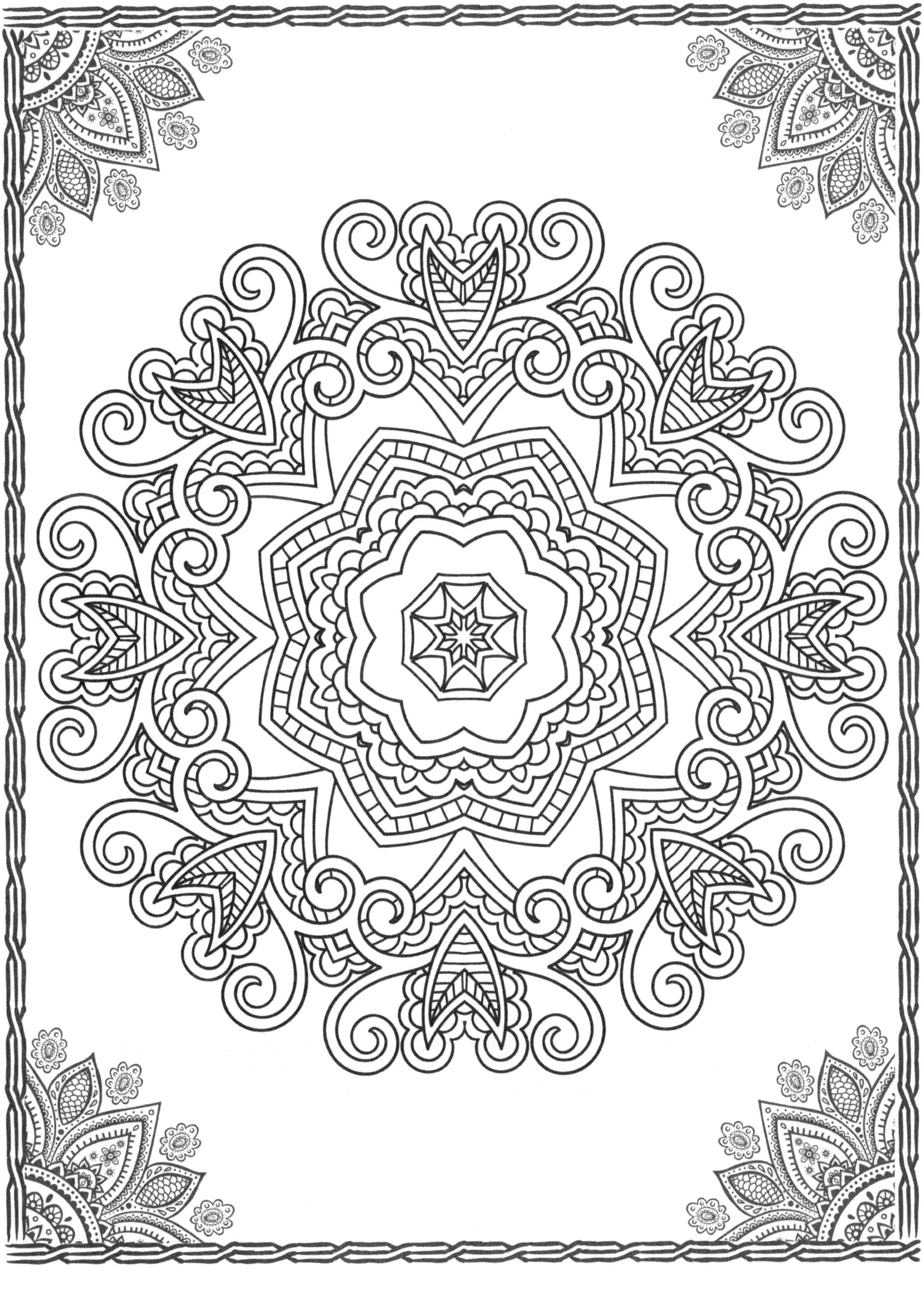

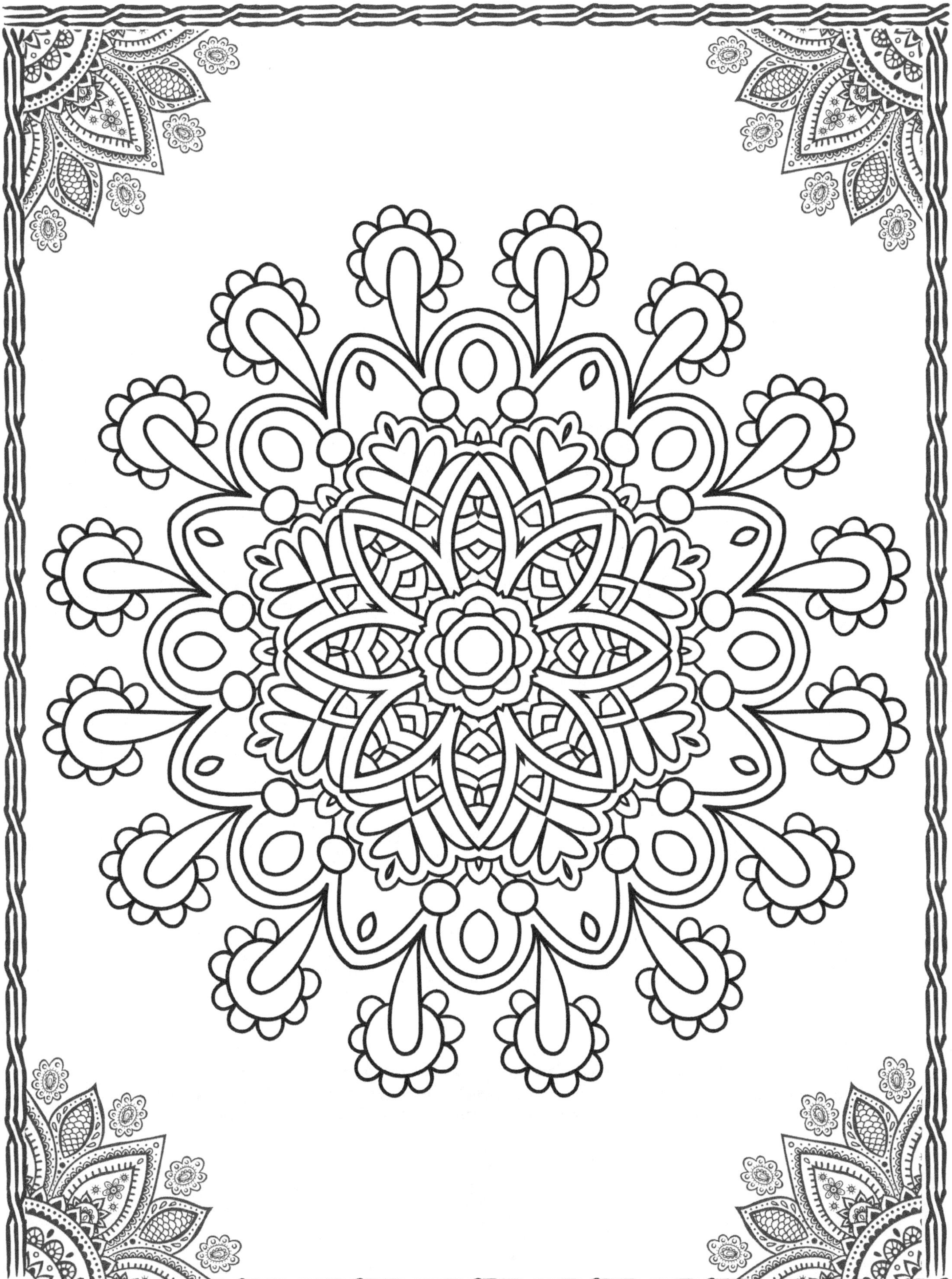

***Se trata de un sangrado a través de la página si está usando un colorante marcador o pluma!***

*Encontrar otros títulos grandes por busca de Bandido Para Colorear en tu favorito libro minorista*

**Amazon.Ca | Barnes & Noble (BN.Com) | Libros 1 Millón (BAM.Com)**

COLORING BANDIT

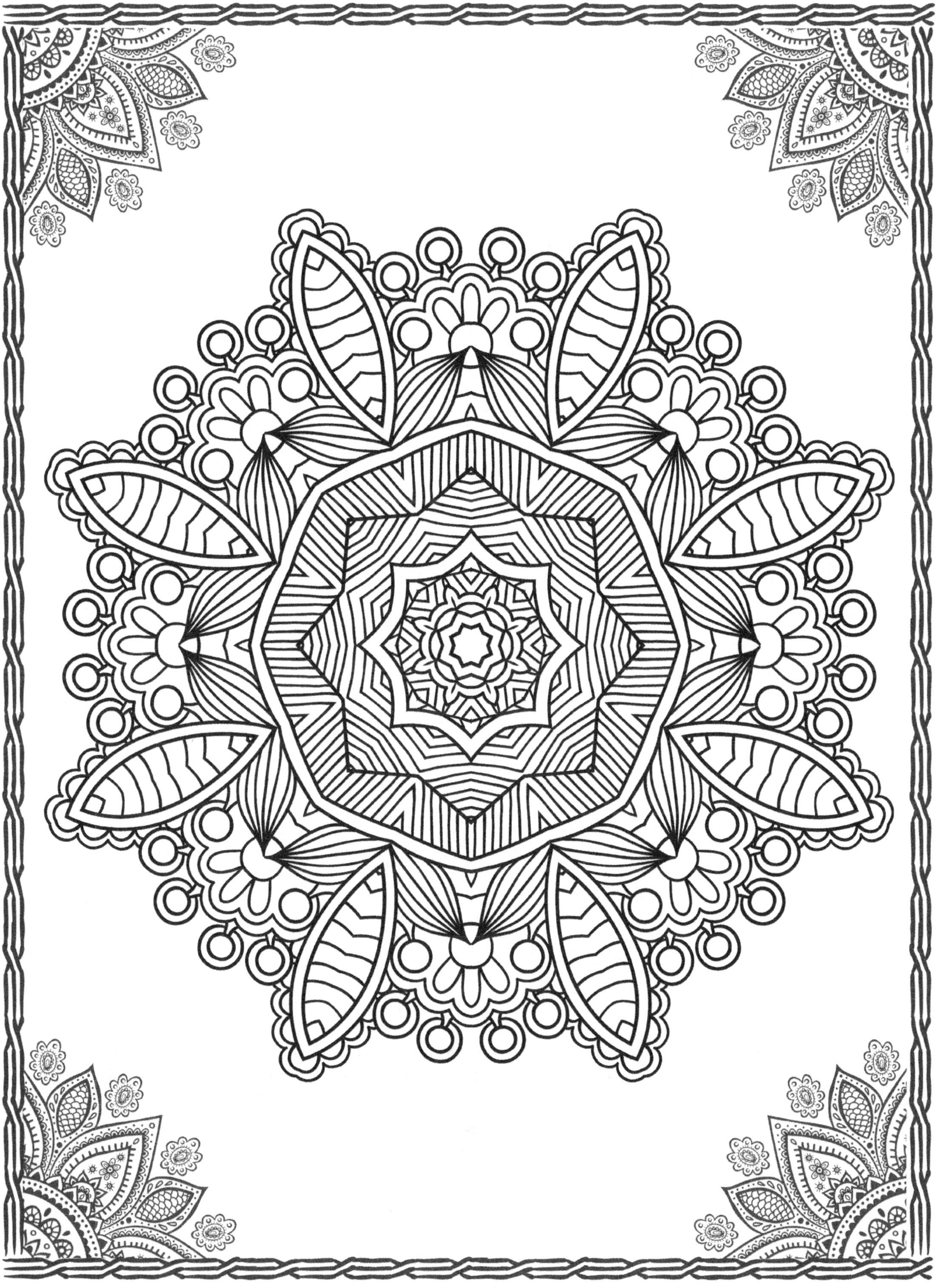

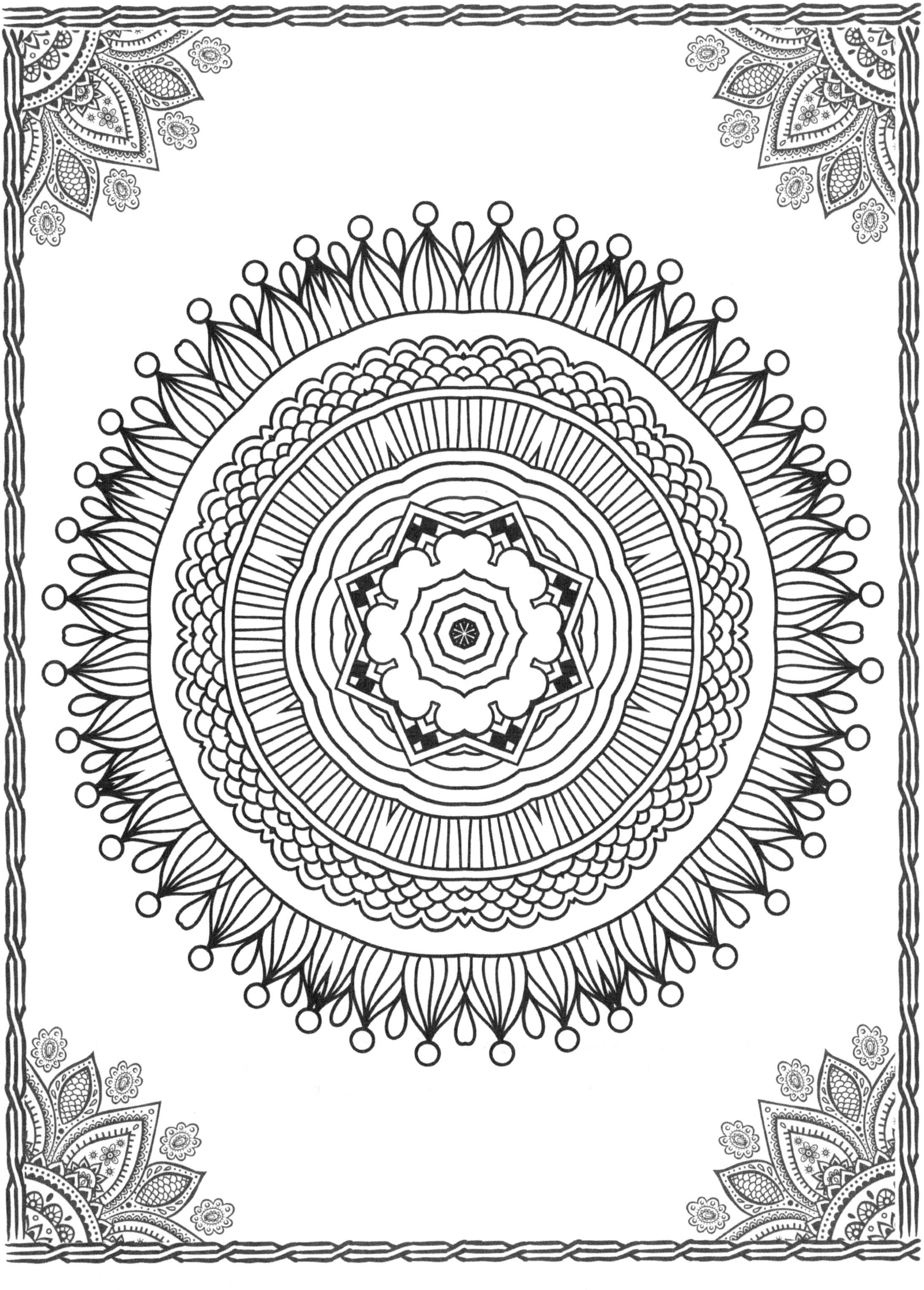

***Se trata de un sangrado a través de la página si está usando un colorante marcador o pluma!***

*Encontrar otros títulos grandes por busca de Bandido Para Colorear en tu favorito libro minorista*

**Amazon.Ca | Barnes & Noble (BN.Com) | Libros 1 Millón (BAM.Com)**

COLORING BANDIT

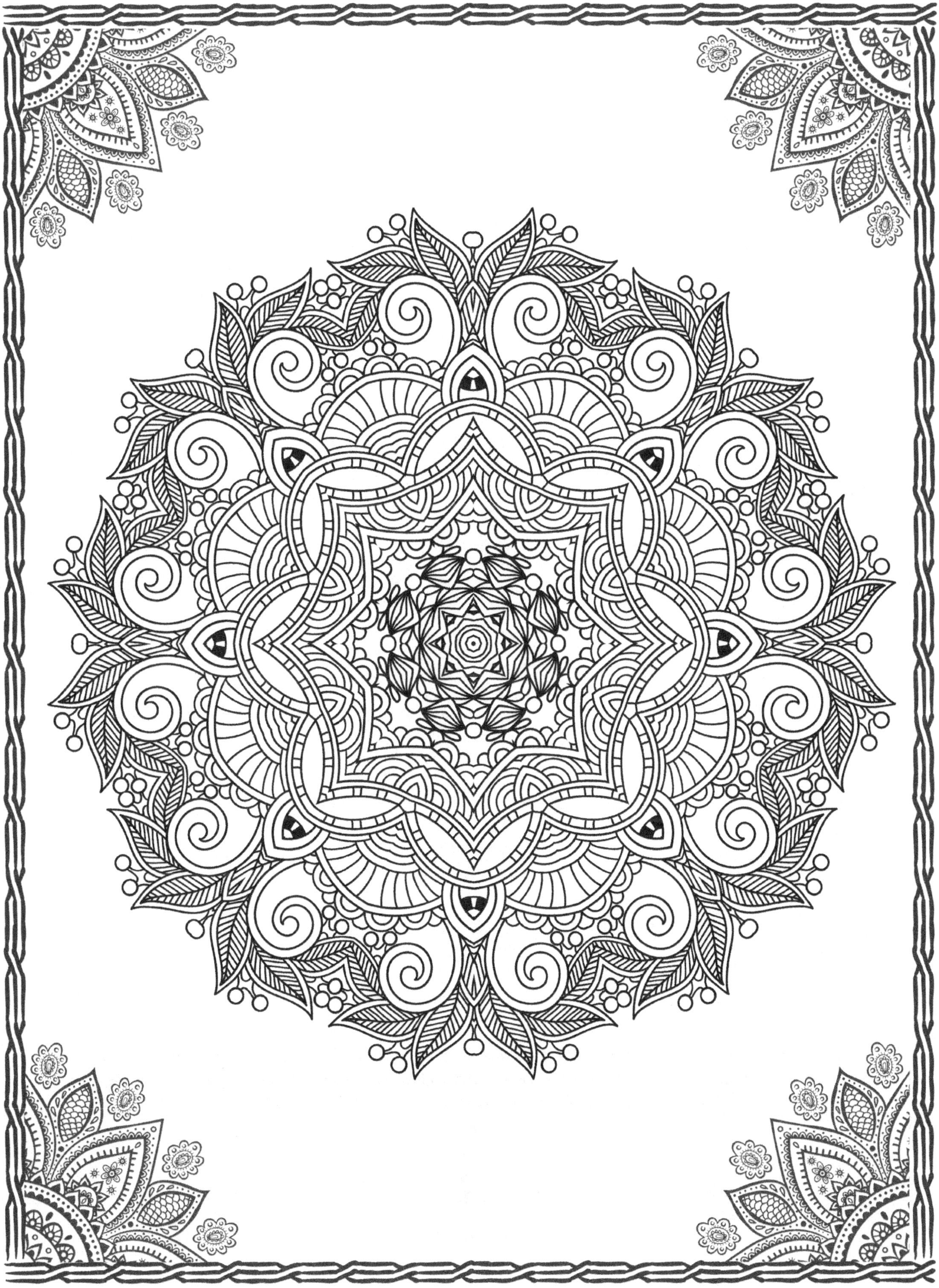

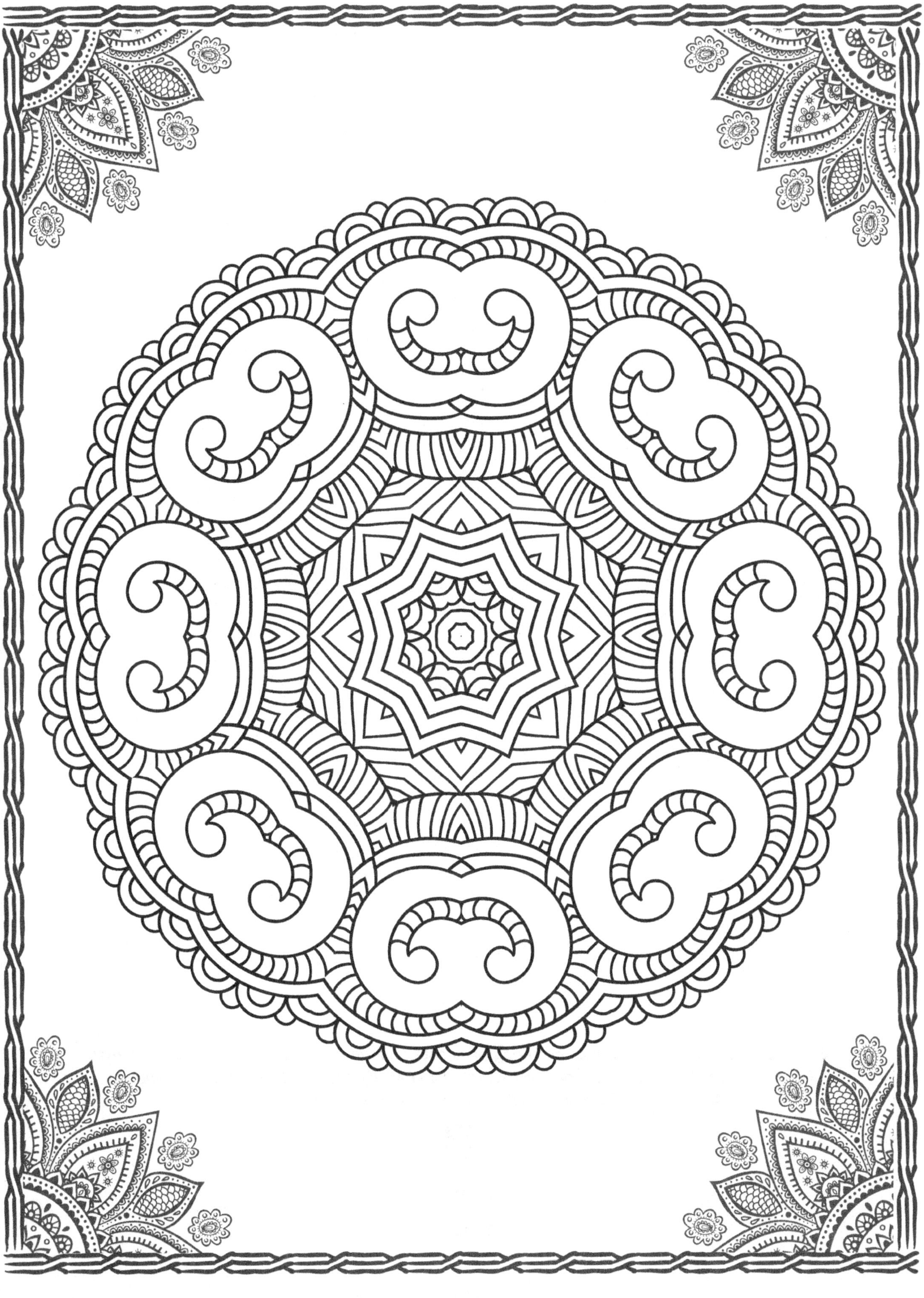

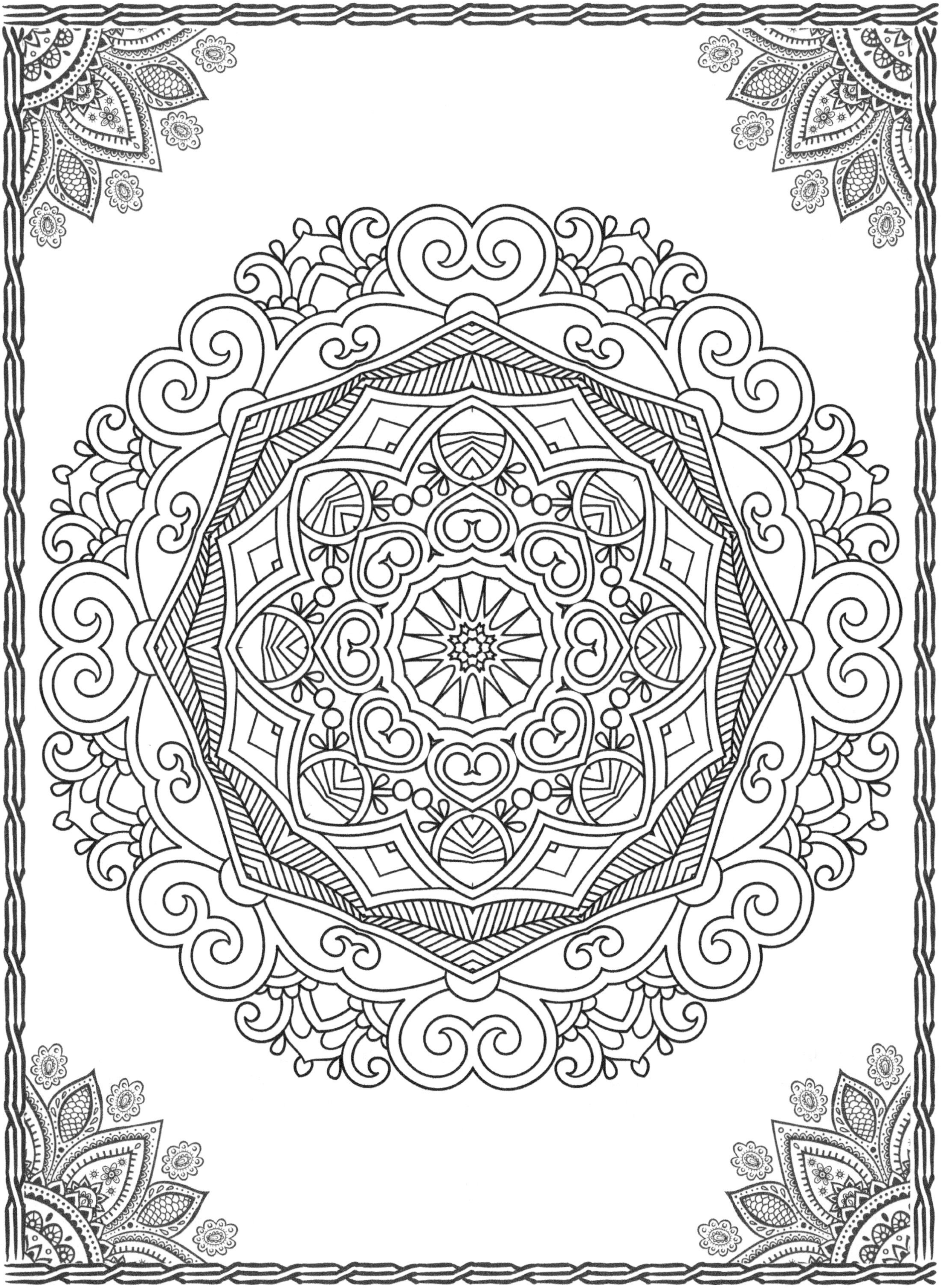

***Se trata de un sangrado a través de la página si está usando un colorante marcador o pluma!***

*Encontrar otros títulos grandes por busca de Bandido Para Colorear en tu favorito libro minorista*

**Amazon.Ca | Barnes & Noble (BN.Com) | Libros 1 Millón (BAM.Com)**

COLORING BANDIT

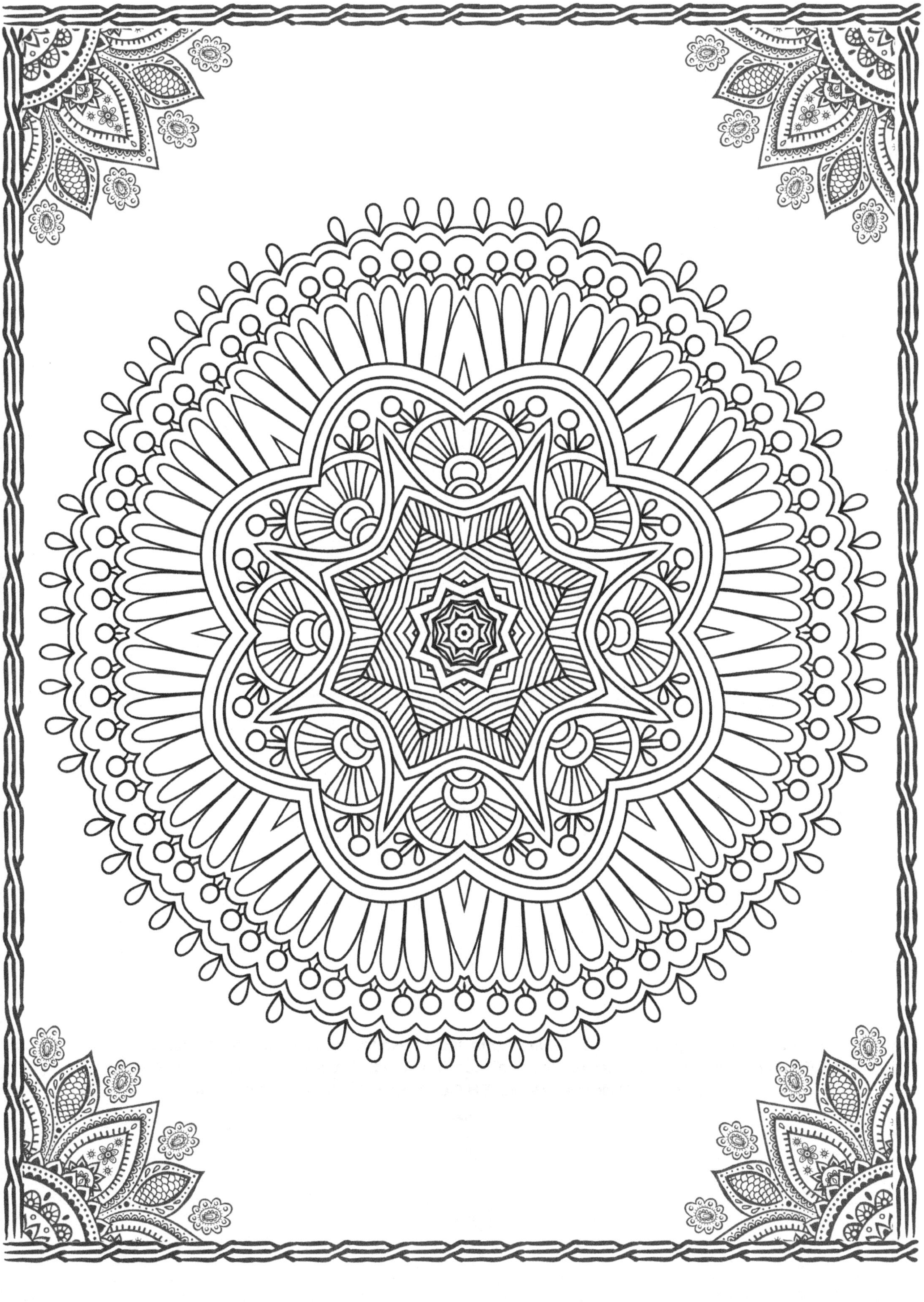

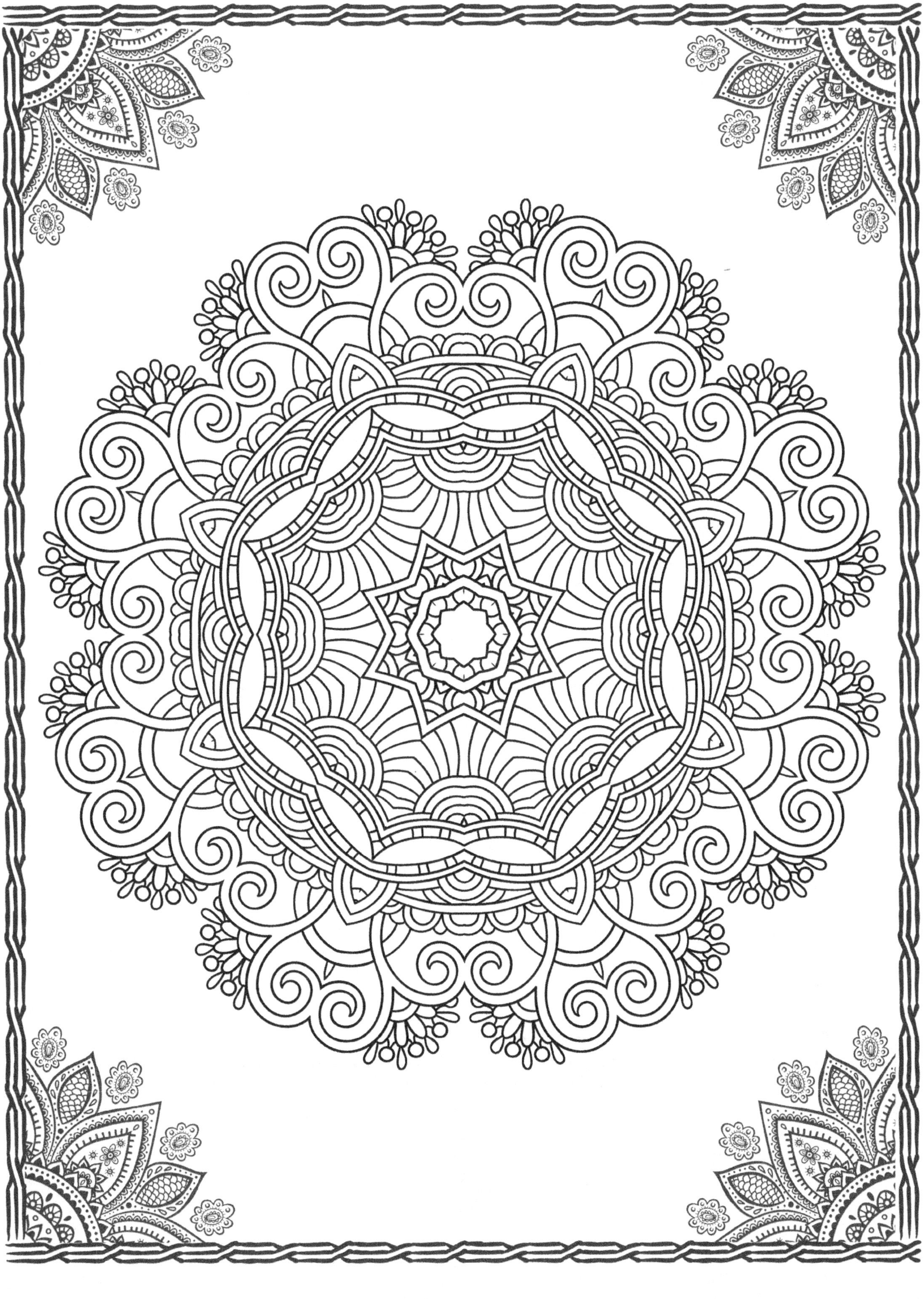

***Se trata de un sangrado a través de la página si está usando un colorante marcador o pluma!***

*Encontrar otros títulos grandes por busca de Bandido Para Colorear en tu favorito libro minorista*

**Amazon.Ca | Barnes & Noble (BN.Com) | Libros 1 Millón (BAM.Com)**

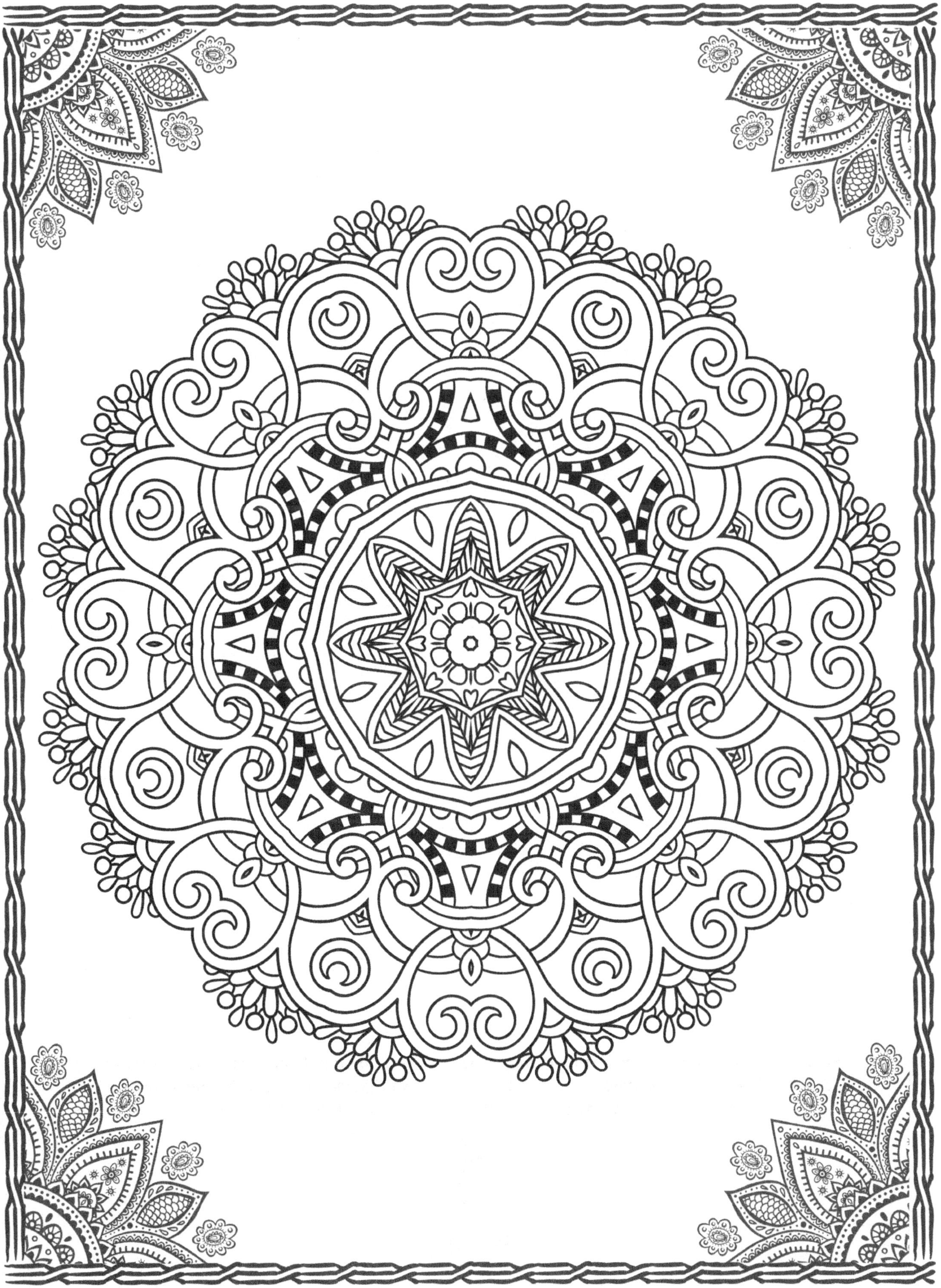

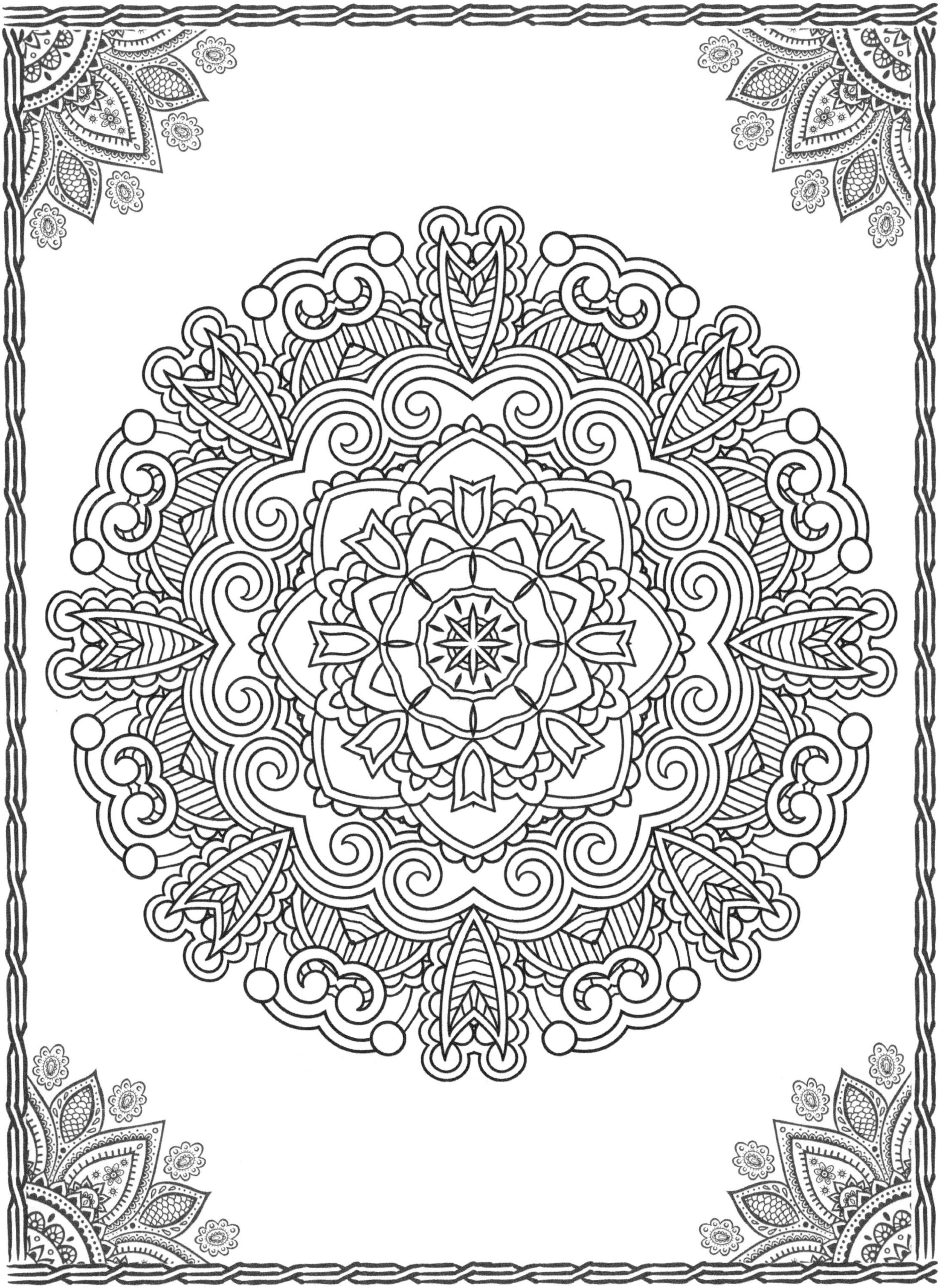

***Se trata de un sangrado a través de la página si está usando un colorante marcador o pluma!***

*Encontrar otros títulos grandes por busca de Bandido Para Colorear en tu favorito libro minorista*

**Amazon.Ca | Barnes & Noble (BN.Com) | Libros 1 Millón (BAM.Com)**

COLORING BANDIT

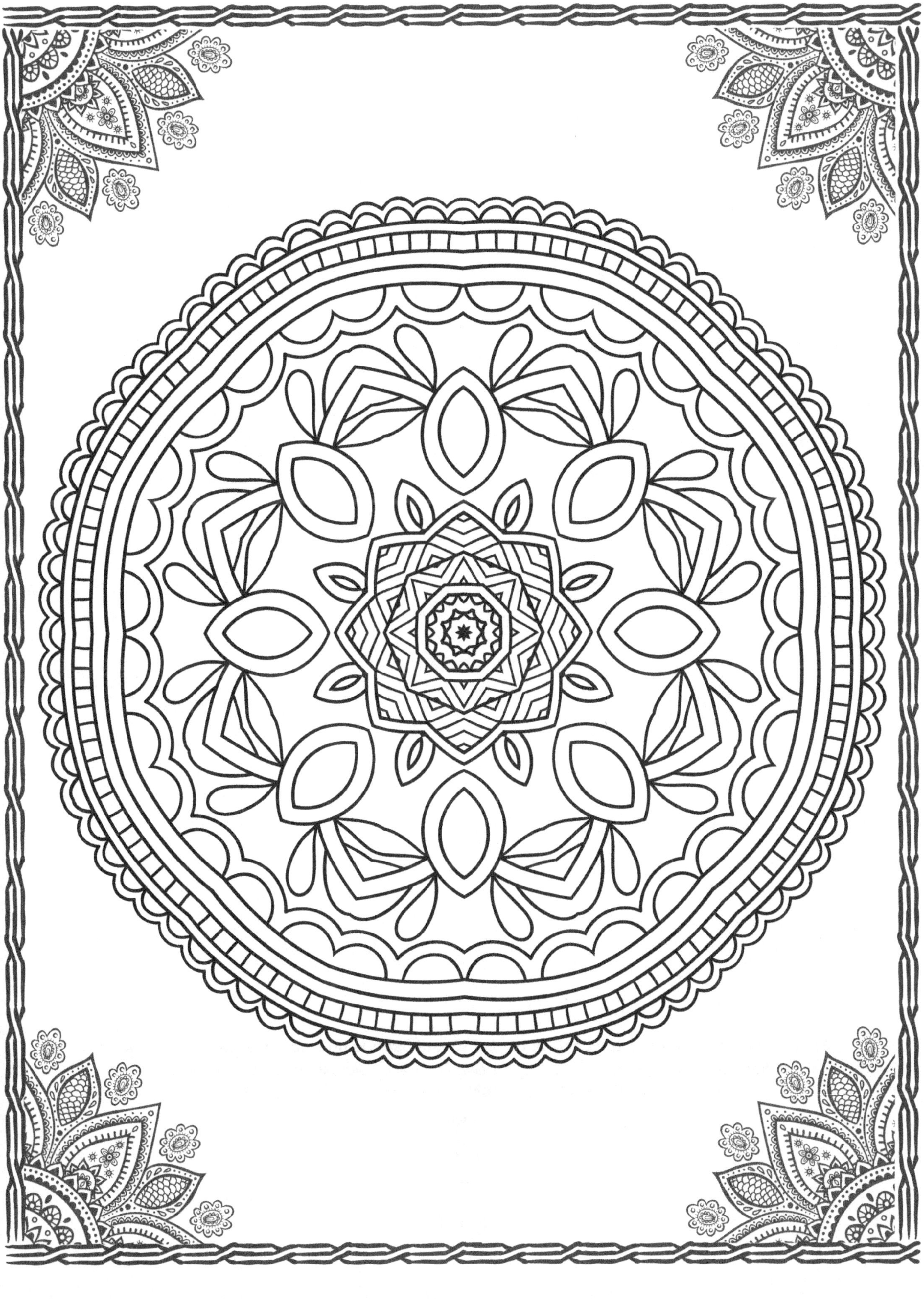

***Se trata de un sangrado a través de la página si está usando un colorante marcador o pluma!***

*Encontrar otros títulos grandes por busca de Bandido Para Colorear en tu favorito libro minorista*

**Amazon.Ca | Barnes & Noble (BN.Com) | Libros 1 Millón (BAM.Com)**

COLORING BANDIT

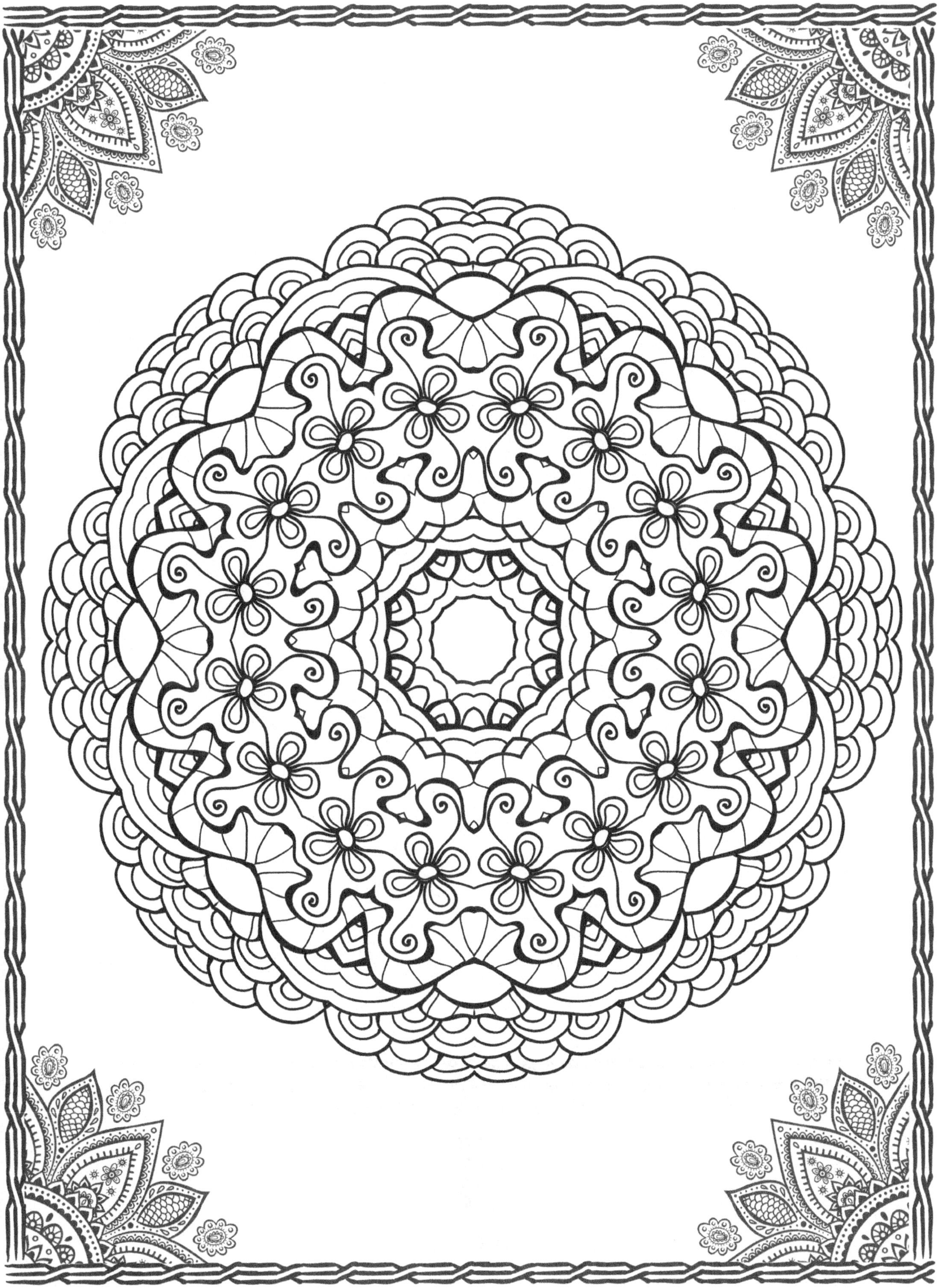

***Se trata de un sangrado a través de la página si está usando un colorante marcador o pluma!***

*Encontrar otros títulos grandes por busca de Bandido Para Colorear en tu favorito libro minorista*

**Amazon.Ca | Barnes & Noble (BN.Com) | Libros 1 Millón (BAM.Com)**

COLORING BANDIT

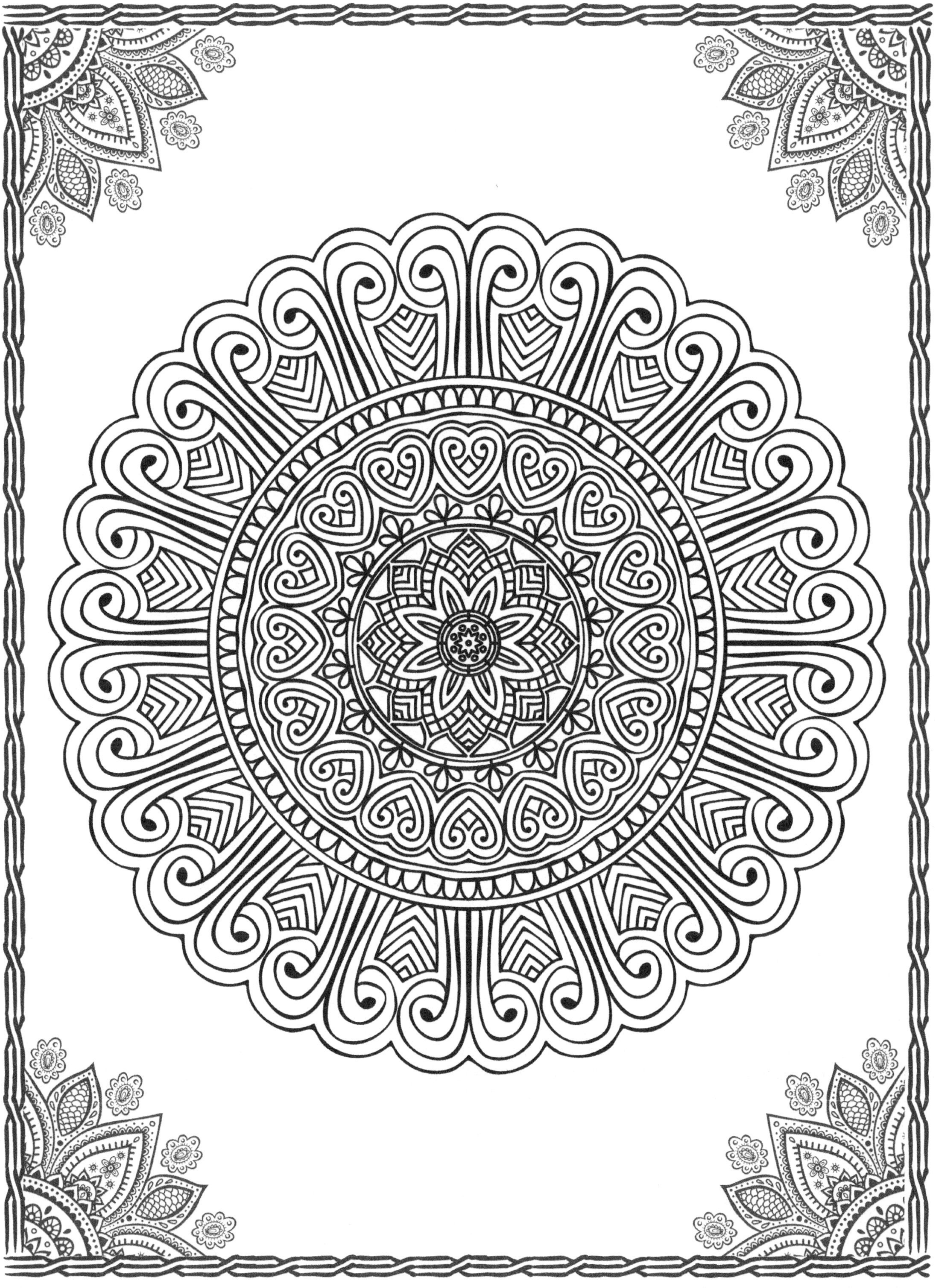

***Se trata de un sangrado a través de la página si está usando un colorante marcador o pluma!***

*Encontrar otros títulos grandes por busca de Bandido Para Colorear en tu favorito libro minorista*

**Amazon.Ca | Barnes & Noble (BN.Com) | Libros 1 Millón (BAM.Com)**

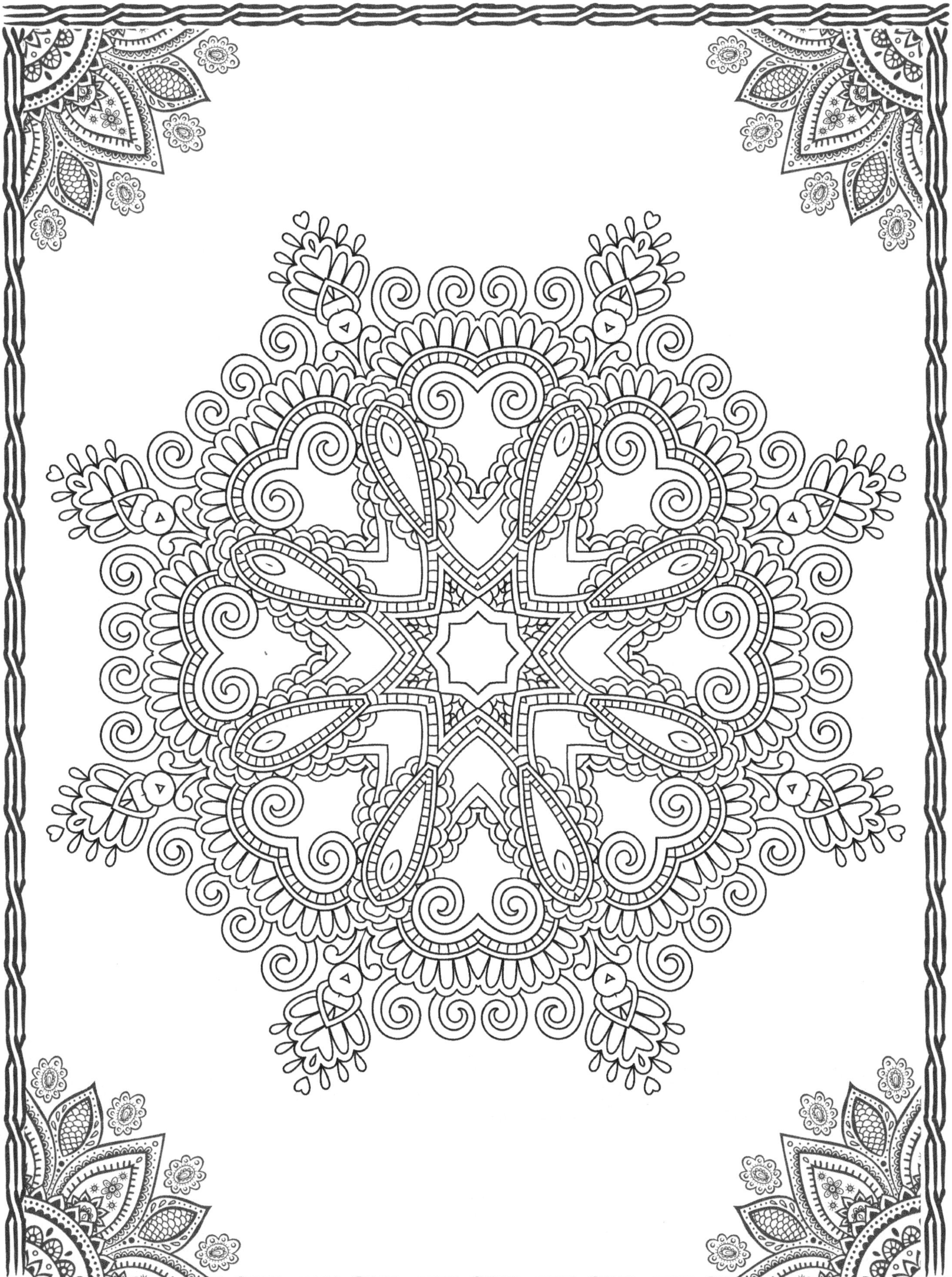

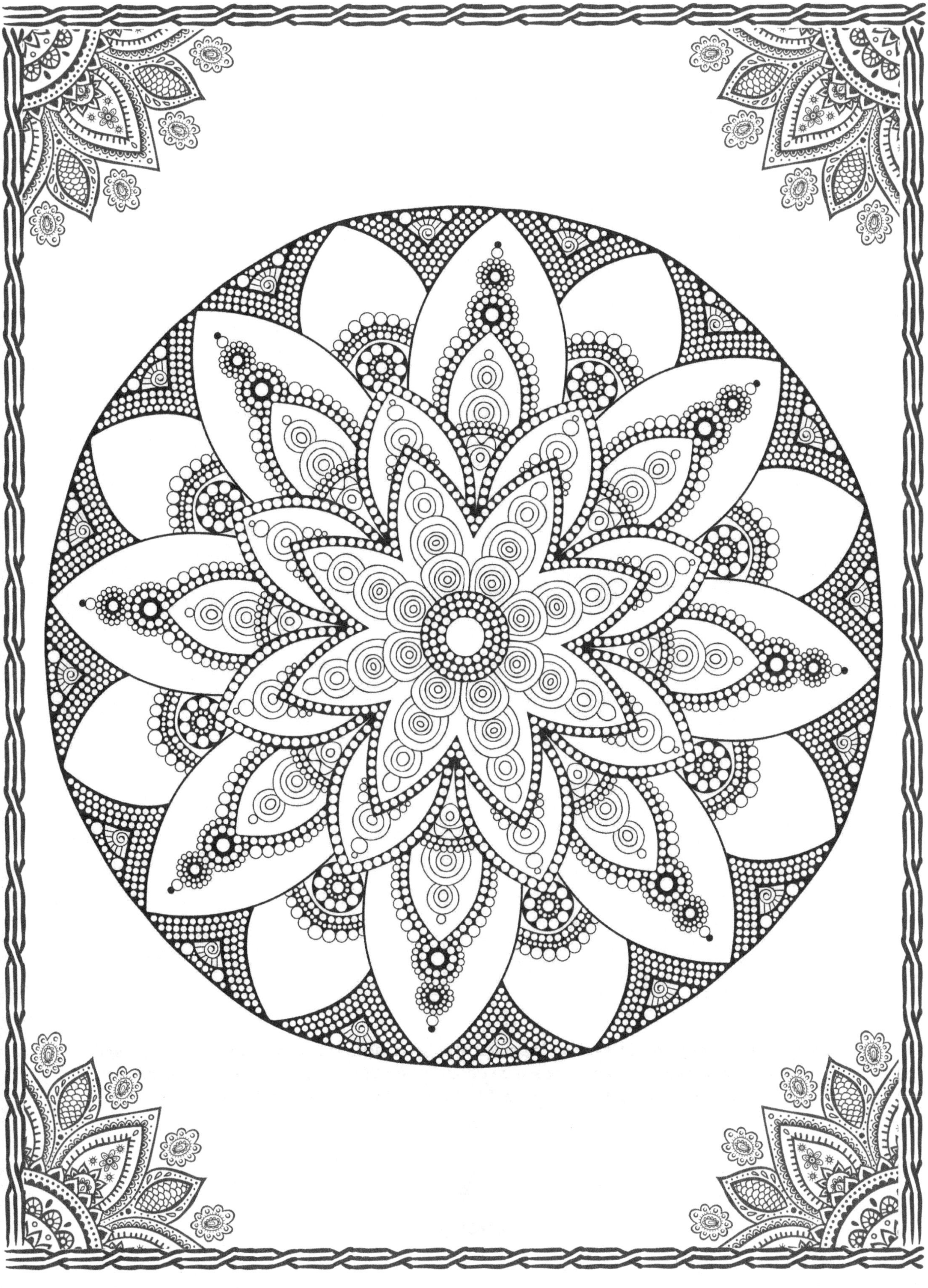

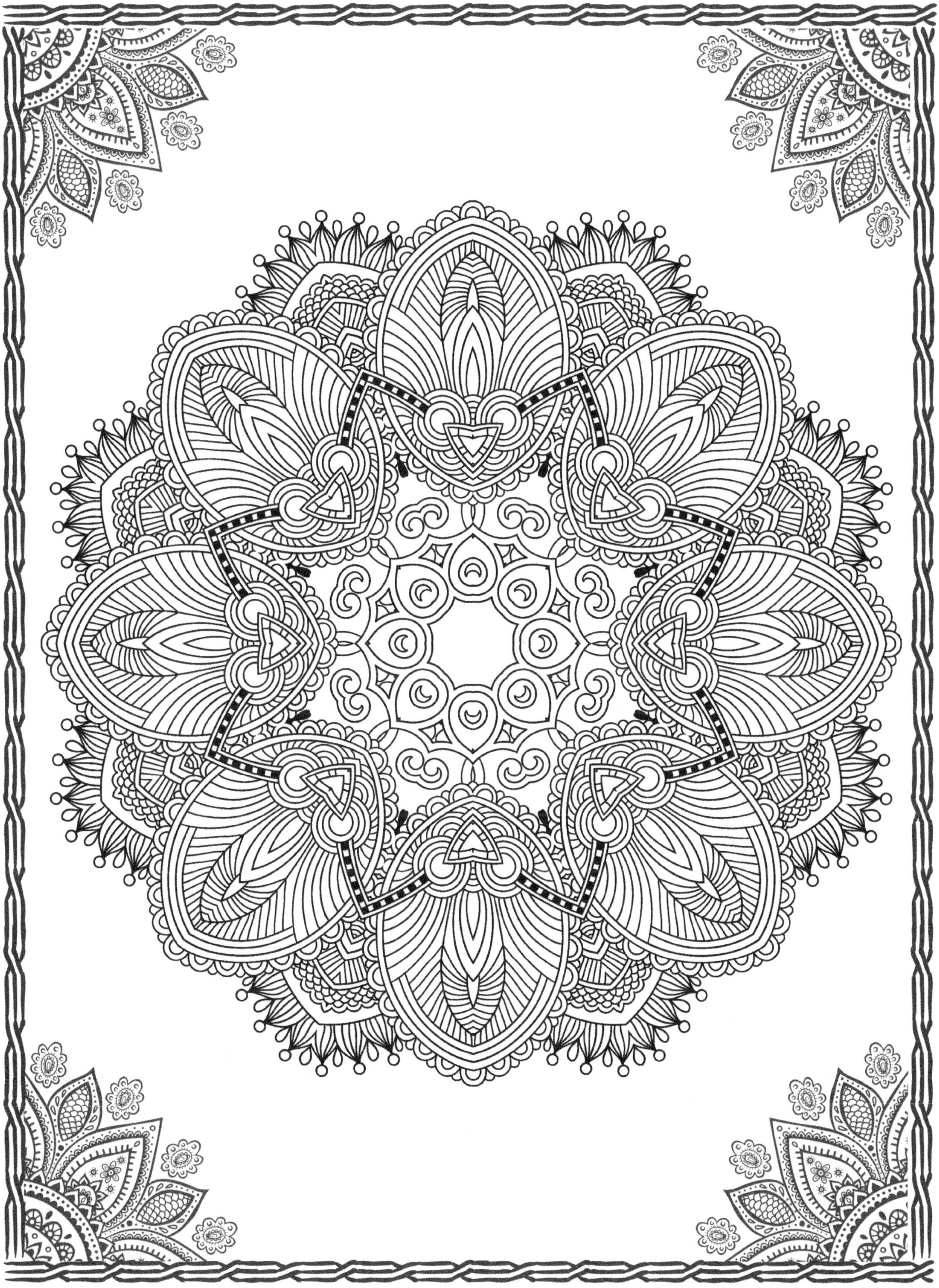

***Se trata de un sangrado a través de la página si está usando un colorante marcador o pluma!***

*Encontrar otros títulos grandes por busca de Bandido Para Colorear en tu favorito libro minorista*

**Amazon.Ca | Barnes & Noble (BN.Com) | Libros 1 Millón (BAM.Com)**

COLORING BANDIT

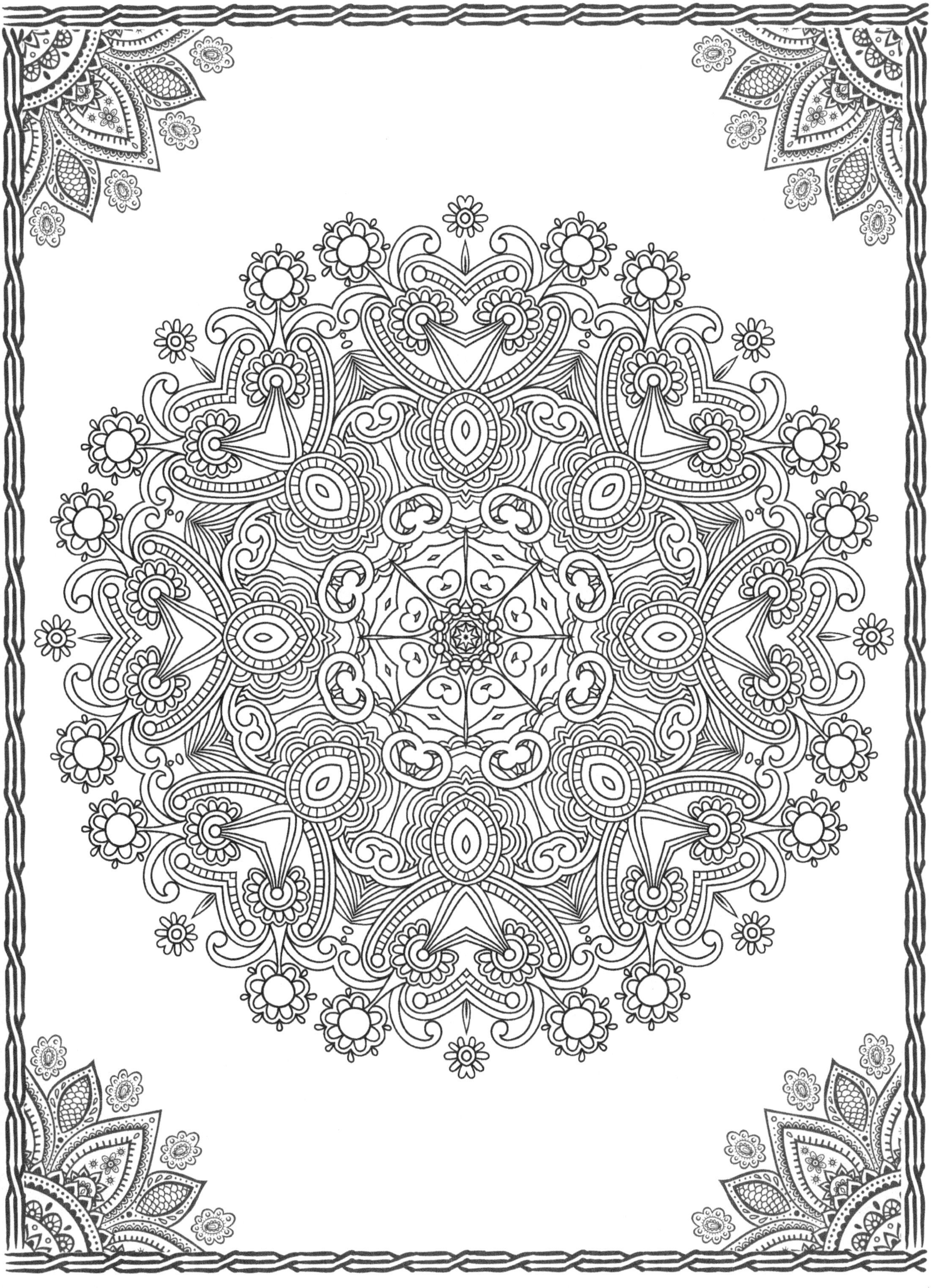

Made in the USA
Monee, IL
07 July 2026

56547369R00037